León es Lion

Escrito e Ilustrado por
Written and Illustrated by Twila Napoleoni

Note: In this rhyme, *perro* is *puppy dog*. A dog, in Spanish, is perro, while puppy is translated to cachorro. "Puppy dog" is a child's way of saying puppy, but forms part of this poem to honour my dad, who, when speaking to his little granddaughters, called all dogs "puppy dogs".

Nota: En esta rima, *perro* es *puppy dog*. Un perro, en inglés, es dog, mientras que la traducción de cachorro es puppy. "Puppy dog" es una manera cariñosa de los niños para decir cachorro, pero forma parte de este poema en honor a mi padre que, cuando hablaba con sus nietas pequeñas, él se refirió a todos los perros como "puppy dogs".

León es Lion
© 2026 by Twila Napoleoni

Born to Create
publishing

www.born2create.ca   connect@born2create.ca

ISBN
978-1-0698228-3-3 (Board Book)
978-1-0698228-0-2 (Paperback)
978-1-0698228-1-9 (Hardcover)
978-1-0698228-2-6 (eBook)

This book is dedicated to the three people
who inspired this poem:
the little loves of my life –
Zoë, Alicia and Isabella.

Este libro está dedicado a las tres personas
quienes inspiraron este poema:
los amores de mi vida –
Zoë, Alicia e Isabella.

To the Parents:
Children are never too young to learn more than one language. Their growing minds absorb new information every day. We all learn better through stories with rhythm and rhyme, and that's exactly what this book offers, with Spanish and English playfully woven together. Couple this with simple sign language to connect two languages to one concept and those little neurons will light up as children explore three languages at once.
As you read, take note that the English words are in brown, and the Spanish words are in green. As a bonus, at the end of the book, I've included a QR code to a free video where you will hear the pronunciation of the words and learn the sign language for each animal. Please do not let this take the place of you reading to your young ones. There is no one more important than YOU in their lives - face to face and heart to heart.
So cuddle up and enjoy the read!
♡ Twila

Para los Padres:
Los niños nunca son muy pequeños para aprender más de un idioma. Sus mentes crecen y absorben información nueva todos los días. Todos aprendemos mejor a través de cuentos con ritmo y rima, y eso es justo lo que ofrece este libro, donde el español e inglés se mezclan de forma divertida. Esto se combina con un lenguaje de señas sencillo para integrar ambos idiomas en un solo concepto, de modo que esas pequeñas neuronas se activen mientras los niños descubren tres idiomas al mismo tiempo.
Mientras leen, tengan en cuenta que las palabras en inglés están escritas en marrón y las palabras en español están en verde. Como beneficio adicional, al final del libro he incluido un código QR a un video complementario donde escucharán la pronunciación de las palabras y aprenderán el lenguaje de señas de cada animal. Por favor, no permitas que esto reemplace la lectura con tus hijos. No hay nadie más importante que TÚ en sus vidas - cara a cara y de corazón a corazón.
¡Así que acurrúquense y disfruten de la lectura!
♡ Twila

This book belongs to:
Este libro pertenece a:

____

León es lion,

oso - bear.

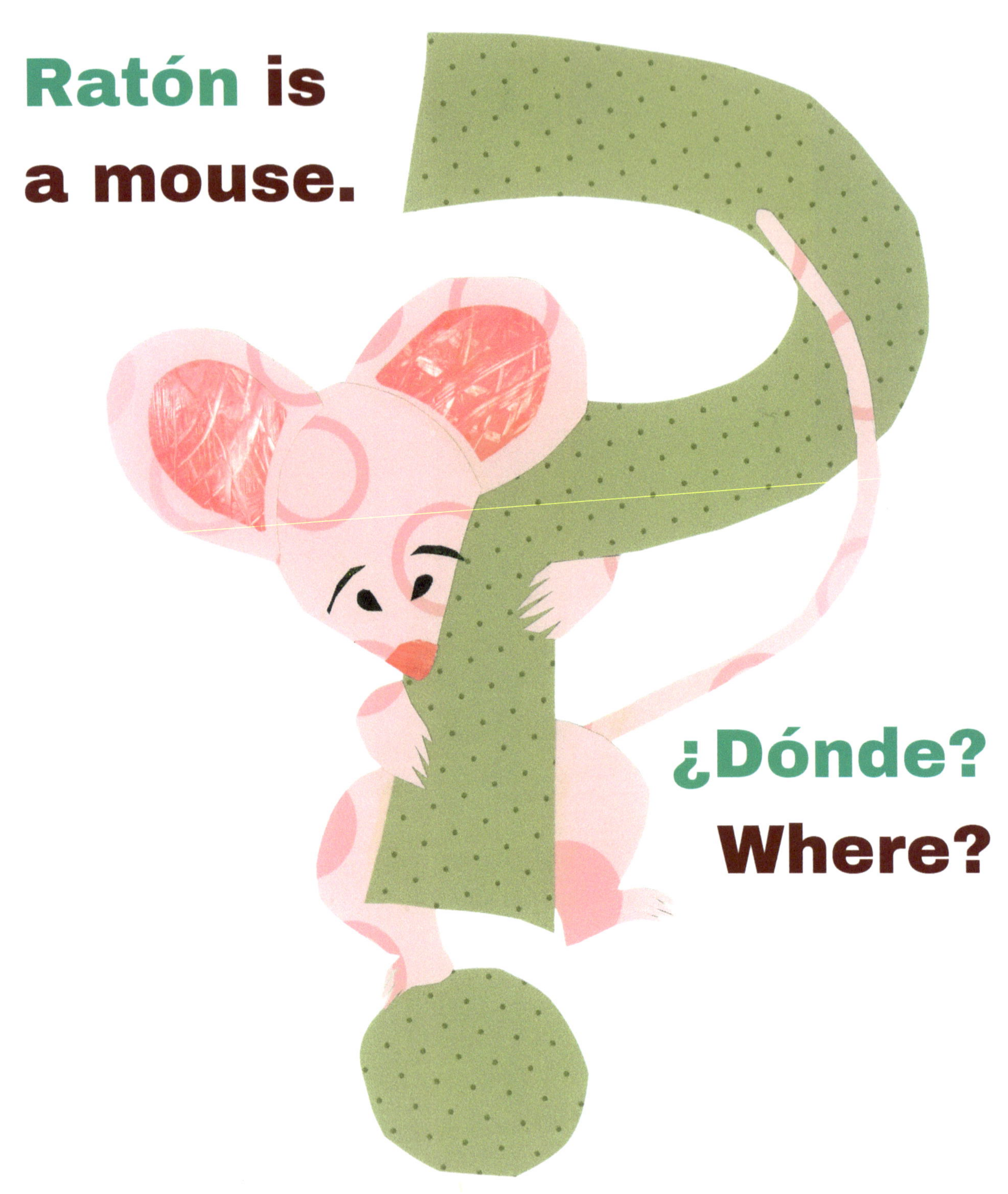
Ratón is
a mouse.

¿Dónde?
Where?

**Elefante - elephant
es grande - big.**

Mono is a monkey,

y cerdo **is a pig.**

Caballo - horse,

rana - frog,

oveja - sheep,

perro - **puppy dog.**

Jirafa -
giraffe

es

alta -
tall.

**Ardilla - squirrel,
es pequeña - small.**

Tigre
-
tiger,

gato
.
cat,

pollo - chicken, gorro - hat.

Vaca - cow,

gallina - hen.

¡Lo hacemos de nuevo!
Let's do it again!

León es lion,
oso - bear.
Ratón is a mouse.
¿Dónde? Where?
Elefante - elephant
es grande - big.
Mono is a monkey,
y cerdo is a pig.

Caballo - horse,
rana - frog,
oveja - sheep,
perro - puppy dog.
Jirafa - giraffe
es alta - tall.
Ardilla - squirrel
es pequeña - small.

**Tigre - tiger,
gato - cat,
pollo - chicken,
gorro - hat.
Vaca - cow,
gallina - hen.
¡Ya terminamos!
This is the end!**

Great job! Be sure to check out the video to practise the pronunciation and learn the sign language.

Note: American Sign Language (ASL) is used in the video and may vary by region. Its purpose is to help bridge learning between the two languages.

¡Bien hecho! Asegúrense de ver el video para practicar la pronunciación y aprender el lenguaje de señas.

Nota: Se utiliza el lenguaje de señas americano (ASL) en el video el cual tiene algunas variantes dependiendo de su región. El propósito es dar fluidez al aprendizaje de los dos idiomas.

Born to Create

publishing

**Learning through stories and signs,
rhythms and rhymes...
Feed those hungry minds!**

**Aprendiendo a través de cuentos y señas,
ritmos y rimas...
¡Alimenten esas mentes hambrientas!**

Twila is a Canadian, teacher, artist and mom who grew to love the Latino culture while living and teaching in Guatemala. She married into the culture that already had her heart and knew that Spanish must be a part of her family's upbringing. *León es Lion* was born out of the fun games and rhymes she made up as her children were learning Spanish, English and simple sign language that naturally wove the two spoken languages together.

Twila es Canadiense, maestra, artista y mamá; que aprendió a amar la cultura latina mientras vivía y enseñaba en Guatemala. Casada con un latino, continuó con la cultura que cautivo su corazón y sabía que el español debía ser parte de la educación de su familia. *León es Lion* nació de los juegos divertidos y rimas que inventaba mientras sus hijas aprendían español, inglés y un lenguaje de señas básico que entrelazaba naturalmente los dos idiomas hablados.